BEI GRIN MACHT SICH IHR WISSEN BEZAHLT

- Wir veröffentlichen Ihre Hausarbeit,
  Bachelor- und Masterarbeit

- Ihr eigenes eBook und Buch -
  weltweit in allen wichtigen Shops

- Verdienen Sie an jedem Verkauf

Jetzt bei www.GRIN.com hochladen und kostenlos publizieren

Strategiebericht für ein Gesundheitsstudio in Düsseldorf

Kathrin Hinkes

Bibliografische Information der Deutschen Nationalbibliothek:

Die Deutsche Nationalbibliothek verzeichnet diese Publikation in der Deutschen Nationalbibliografie; detaillierte bibliografische Daten sind im Internet über http://dnb.d-nb.de abrufbar.

ISBN: 9783346599599
Dieses Buch ist auch als E-Book erhältlich.

Druck und Bindung: Books on Demand GmbH, Norderstedt Germany
Gedruckt auf säurefreiem Papier aus verantwortungsvollen Quellen

Das vorliegende Werk wurde sorgfältig erarbeitet. Dennoch übernehmen Autoren und Verlag für die Richtigkeit von Angaben, Hinweisen, Links und Ratschlägen sowie eventuelle Druckfehler keine Haftung.

Das Buch bei GRIN: https://www.grin.com/document/1171475

Deutsche Hochschule für
Prävention und Gesundheitsmanagement

Hausarbeit

Name, Vorname	Hinkes, Kathrin
Studiengang	M.A. Gesundheitsmanagement
Studienmodul	Strategische Unternehmensführung 1
Datum Präsenzphase (siehe Ergebnisdokumentation)	11.-13.10.2021
Aufgabe	Erstellung eines Strategieberichts für ein Gesundheitsstudio in Düsseldorf

Inhaltsverzeichnis

1 Darstellung der Ausgangssituation

1.1 Wahl des Standortes

Diese Abbildung wurde aus urheberrechtlichen Gründen von der Redaktion entfernt.

Abbildung 1: Umgebung ausgewählten Standortes mit Markierung des Gesundheitsstudios, (Maßstab 1:200m); (Google Maps, 2020)

Die Direktion des Unternehmens „Mindset" entscheidet sich zur Expansion in Düsseldorf, auf Grund des ausgewerteten Scoring Modells, für den Stadtbezirk eins. Die Allee grenzt Altstadt und Stadtmitte voneinander ab und bietet Vorteile hinsichtlich der Verkehrsbindung. In ca. 200m gelangt man zur Haltestelle „Heinrich-Heine-Allee" mit den U-Bahnverbindungen U70, U71, U72, U73, U74, U75, U76, U77, U78, U79, U83 und den Buslinien 780, 782, 785. Die Oberkasseler Brücke ermöglicht die Anbindung zum Stadtbezirk vier zur ausgebreiteten Kundenakquisition. Das Parkhaus K.20/ Grabbeplatz 5 bietet bei Anfahrt mit dem Auto ausreichend Parkmöglichkeiten. Zur weiteren Entscheidungsfindung zeigten sich Vorteile am Absatzmarkt (Polypol). In 10 Minuten erreicht man fußgängig das Rheinufer und in direkter Umgebung befindet sich der Hofgarten an der Nördlichen Düssel geeignet für „Outdoor" Aktivitäten. Anliegend existiert die Königsallee und im Nebengebäude, der Königsallee 1A, das Steigenberger Parkhotel als Kooperationspartner. Des Weiteren gewährt der Standpunkt direkte Einkaufsmöglichkeiten und Gastronomiebetriebe.

1.2 Beschreibung des Unternehmentyps

Mit der Gründung von „Mindset" im Jahre 2009 rufen Marius Heugraf, Helena Wissener und Marie-Suzanne Hunger eine neue Bewegung ins Leben. Als Physiotherapeut, Psychotherapeutin und Gesundheitstrainerin bündeln sie ihr Wissen, um ganzheitlich und individuell den Menschen Gesundheit näher zu bringen. Der Start in Wien mit wenigen Gruppenkursen und persönlicher Beratung mit hoher Qualität erfährt hohen Zuspruch. Aufgrund von Frau Wisseners familiären Wurzeln in Italien ermöglicht sich, durch hohe Erfolge in Österreich in den ersten beiden Jahren, ein zweiter Standort. Nach zehn weiteren erfolgreichen Jahren und rund 200 Mitarbeitern in der Schweiz, Österreich, Belgien, Frankreich und Italien ist die Expansion des Unternehmens nun auch in Deutschland möglich. Die Weiterentwicklung der Internationale statistische Klassifikation der Krankheiten und verwandter Gesundheitsprobleme (ICD) *(ICD-10: Internationale statistische Klassifikation der Krankheiten und verwandter Gesundheitsprobleme. 10. Revision,* 1994). und die erhöhte Anzahl der Arbeitsunfähigkeitstage aufgrund psychischer Erkrankungen von 1997 bis 2017 (Marschall, Hildebrandt-Heene & Nolting, 2019), zeigt sich eine höhere Relevanz der psychischen Gesundheit. Die Techniker Krankenkasse weißt einen Rückgang der selten bis nie gestressten Personen und zugleich eine Zunahme der häufig Gestressten von 2013 bis 2016 auf (Techniker Krankenkasse, 2016). Addierend zeigt das Review von Hinkes (2020) einen positiven Zusammenhang zwischen Interventionen mit körperlicher Aktivität und Faktoren der psychischen Gesundheit. Mit Hilfe dieser Kenntnisse lässt sich eine Steigerung des Bedarfs an ganzheitlichen Gesundheitsangeboten wie „Mindset" es bietet, feststellen und ermöglicht einen fortschreitenden internationalen Ausbau des Unternehmens.

Das Gesundheitsstudio bietet in der Stadtmitte Düsseldorfs ein ganzheitliches Angebot zur Prävention und Gesundheitsförderung mit dem Schwerpunkt psychische Gesundheit. Angeboten werden Dienstleistungen zum Erhalt, zur Förderung und zur Verbesserung der physischen und psychischen Gesundheit wie ein freies Kraft- und Ausdauertraining an Geräten und Gruppenkurse (Rückenkurs, funktionales Krafttraining, Indoor Cycling, Beweglichkeitstraining, Yoga, Pilates, Progressive Muskelentspannung nach Jacobsen, autogenes Training, Meditation, Selbstliebe und Persönlichkeitsentwicklung). Zusätzlich bieten Outdoor Kurse wie Laufyoga, Walking und Outdoor Functionaltraining individuelle Möglichkeiten. Das Eleiko Hantelequipment, LifeFitness Ausdauergeräte und

Gym80 Kraftstationen ermöglichen mit Hilfe von hochqualifizierten und bestausgebilde-ten Trainer hoch ambitionierte Bewegungsmöglichkeiten.

Diese Angebote sind sowohl in der Gruppe als auch als Einzeltraining buchbar. Neben dem Trainingsbereich sorgt das angebundene Wellnesscenter mit Massagen, drei The-mensaunen und einem großen Ruheraum für Entspannung. Als Mitglied ist die Sauna kostenlos nutzbar. Jedes Quartal besteht die Möglichkeit für Kunden und für Außenste-hende (z.b.: Firmen) an einer einwöchigen oder zweiwöchigen Gesundheitswoche (ex-klusive Samstag und Sonntag) teilzunehmen. Ziel der Gesundheitswoche ist es, von rou-tinierten Arbeitswochen abzuschalten und Entspannungsverfahren nachhaltig in den All-tag zu integrieren. Währenddessen bietet das Steigenberger Parkhotel bei Bedarf Zimmer zur Übernachtung mit Frühstück. Der Preis des Hotels ist im Gesamtangebot der Gesund-heitswoche mit inbegriffen. Des Weiteren bietet die Snackbar vor oder nach dem Trai-ning und während der Gesundheitswochen gesunde Mahlzeiten an. Neben den Bewe-gungs- und Entspannungsangeboten befinden sich im Haus eine Ernährungsberatung, ein Psychotherapeut und Berater mit dem Schwerpunkt Stressmanagement, sodass die Ge-sundheit jedes einzelnen Kunden ganzheitlich und professionell gefördert, erhalten und verbessert wird.

2 Phase der strategischen Zielplanung

2.1 Unternehmerische Vision/Mission/Grundwerte

2.1.1 Unternehmensvision
In 10 Jahren ist Mindset Europaweit das qualitativ beste Unternehmen zur Förderung, Verbesserung und zum Erhalt der psychischen und Gesundheit.

2.1.2 Unternehmensmission
Befreie Körper und Gedanken vom alltäglichen Arbeitstrott und Leistungsdruck und ent-decke deine Lebensfreude neu.

2.1.3 Grundwerte
1. Umgeben sie sich mit positiv Denkenden: Wir stehen für eine positive Einstellung im Leben, Handeln und Arbeiten und tragen diesen Optimismus mit Leichtigkeit

nach außen. Auch in anspruchsvollen Situationen schauen wir mit Freude in die Zukunft und vergessen nicht den Spaß an der Arbeit.

2. Erfinden sie sich neu: Mit Kreativität, Empathie und Intuitivem Handeln bieten wir unseren Kunden individuelle Lösungen. Mit dieser Stärke, abgelöst von traditionellen und herkömmlichen Behandlungsmethoden, streben wir auf Augenhöhe nach einer stetigen Entwicklung unseres Teams und unserer Unternehmensstrukturen.

3. Sie sind es uns Wert: Durch Ehrgeiz und Engagement bieten wir hohe Qualität für einen lohnenden Umsatz und stehen zu unserem fairen Preis-Leistungsverhältnis.

4. Ihre Work Life Balance: gemeinsam schaffen wir es missionsorientiert die Gesellschaft zu Verbessern mit Hilfe eines ausgewogenen Verhältnisses zwischen beruflichen Anforderungen und privaten Bedürfnissen jedes einzelnen.

2.2 Strategische Zielplanung

Im folgenden Kapitel werden die vier Unternehmensziele auf Grundlage von Vision, Mission und Grundwerten spezifisch und messbar definiert:

1. Marktposition: In 5 Jahren wollen wir die Nummer eins der Gesundheitsanbieter Düsseldorfs mit dem Schwerpunkt der psychischen Gesundheit werden.

2. Ökonomisches Ziel: Wir wollen im ersten Jahr eine Gewinnmaximierung, um im zweiten Unternehmensjahr eine Zielfestlegung des Break-Even-Points erstellen zu können.

3. Gesellschaftlicher Einfluss: Im dritten Quartal 2023 möchten wir durch Kooperationen der lokalen Krankenkassen die Arbeitsunfähigkeitstage der Einwohner Düsseldorfs, aufgrund von psychischen Erkrankungen, um 5% senken.

4. Soziale Ziele: Im ersten Unternehmensjahr wollen wir die Mitarbeiterzufriedenheit mit Hilfe von monatlichen Umfragen mindestens auf dem Niveau „Bedeutung" (nach der Bedarfspyramide von Maslow adaptiert auf Mitarbeiterengagement) halten durch kostenlose Beratungsstunden zur Persönlichkeitsentwicklung, Motivation und zur allgemeinen psychischen Gesundheit.

2.3 Branchenvergleich

Während der Recherche zum Vergleich von Mission, Vision, Grundwerten und Zielen anderer Unternehmen der Branche wird deutlich, dass einige Fitnessstudios oder Gesundheitsanbieter in Düsseldorf keine klaren Ziele definieren. Einige Unternehmen zeigen nur Grundwerte und Missionen auf ohne eine Differenzierung zur Vision darzustellen. Deutlich wird, dass nur wenige große Fitnessketten wie John Reed („Wir sind weltweite Innovationsführer in den Bereichen Fitness und Lifestyle" (RSG Group)), Kieser („Die Welt zu kräftigen" oder „Der Welt den Rücken zu stärken"), Fit/One („Unser höchstes Ziel ist es Begeisterung zu schaffen") klare Visionen verfolgen. Genau erläuterte Missionen erkennt man bei der überregionalen Fitnesskette clever fit mit dem Slogan „wir wollen, dass du dich wohl fühlst", aber vor allem kleineren Unternehmen oder Privatanbietern in Düsseldorf wie bei Jeanette König („(…) Ich möchte, dass es ihnen gut geht"), Natalia Schneiders („Coaching ist für mich eine Herzensangelegenheit") oder im Yogaloft („Wir wollen nicht nur wir wollen nicht nur Yoga unterrichten, sondern Freude vermitteln"). Deutlich wird, dass Unternehmen im Entspannungsbereich auf dem Markt kundenorientiert, also Missionsorientiert, auftreten. Holmes Place GmbH verbindet Vision und Werte und sticht mit ihren fiktiven Aussagen klar aus der Masse heraus. Vergleicht man die Werte der umliegenden Branche häufen sich Begriffe wie „Flexibilität", „Gemeinschaft" oder „Teamgeist", „Ehrgeiz" und „Leidenschaftlichkeit". Darüber kommen Werte wie „Ehrlichkeit" und „Zuverlässigkeit" (INJOY) oder „Sauberkeit" (Clever Fit GmbH) auf, die von „Mindset" Mitarbeitern als selbstverständlich angesehen werden. Gesamtheitlich betrachtet überschneiden sich wenige Werte der außenstehenden Unternehmen mit denen von „Mindset". Damit wird neben dem vielseitigen, ganzheitlichen Angebot eine Abgrenzung zu herkömmlichen Gesundheitsangeboten deutlich. Mit klar definierten Visionen, Missionen und Grundwerten kann ein besseres und Unternehmen bezogenes Handeln der Mitarbeiter vorausgesetzt werden, um Ziele strukturiert erreichen zu können.

3 Phase der strategischen Analyse und Prognose

3.1 Branchenstrukturanalyse (Five Fources nach Porter)

Zur Analyse der fünf Einflussfaktoren nach Porter werden Konkurrenten, potenzielle Konkurrenten, Ersatzprodukte, Lieferanten und Abnehmer analysiert und ihre Verhandlungsstärke genauer betrachtet (Broda 2005, S.62ff.).

Als ersten Zweig der direkten Konkurrenz werden Fitnessstudios im höheren Preissegment mit Entspannungsangeboten (Yoga, Pilates und Sauna) wie zum Beispiel Holmes Place und Fitness First GmbH angesehen, aufgrund ihrer Produkt- und der Servicequalität. Trotz des vielseitigen Angebots bieten diese Unternehmen keine beratende Dienstleistung zur psychischen Gesundheit und besitzen in diesem Segment eine geringe bis mittlere Verhandlungsmacht. Betrachtet man den Fitnesssektor abgesondert, entsteht ein starker Preisdruck durch die hohe Anzahl an Mitbewerbern, vor allem in Betracht auf Billiganbieter wie MacFit. Private oder freiberufliche Mental Coaches und Wellnesscenter beeinflussen als zweite Branche mit ihren Angeboten den Wettbewerb gering.

Potenzielle Konkurrenz könnten Vereine mit dem Ausbau von Entspannungsangeboten oder Betriebliche Förderungen im Bereich Stressmanagement sein, da sich von 2002 bis 2012 die Anteilnahme der Gesundheitsförderung in Betrieben um 8% erhöht hat (Hollederer & Wießner, 2015). Des Weiteren schafft die Krankenkasse mit Hilfe gesetzlich verankerten Präventionskurse ein Potenzial, das im Bereich der psychischen Gesundheit weiter ausgebaut werden kann. Zugleich ist Ziel von Mindset Hand in Hand mit den Krankenkassen zu arbeiten, wodurch die Verhandlungsmacht minimiert wird.

Höhere Einflussfaktoren sind, einhergehend mit der Digitalisierung, online Videoplattformen wie YouTube oder Gymondo und Trainings- und Entspannungsapps als Ersatzprodukt, da Kunden jederzeit von überall trainieren können ohne Bindungen und Vertragslaufzeiten. Der Markt für Sportartikel und Geräte für eigene Homestudios ist während der Corona Zeit ebenfalls gestiegen. In beiden Punkten wird die persönliche Betreuung und die soziale Interaktion versäumt und Ziele werden durch fehlende Motivation nicht erreicht. Mit den Zielen und Unternehmensstrukturen von „Mindset" lassen sich diese Ersatzprodukte als geringen Einflussfaktor einschätzen.

In der Fitness- und Gesundheitsbranche ist den Abnehmern, den (potenziellen) Kunden, eine hohe Verhandlungsstärke zuzusprechen, aufgrund des Dienstleistungssektors. Mit einer jährlichen Fluktuationsrate von durchschnittlich 26% zeigt sich auf dem Polyplolen Absatzmarkt eine große Abhängigkeit (Pelletier, Rocchi, Vallerand, Deci & Ryan, 2013).

Dennoch will „Mindset" mittels ganzheitlicher Gesundheitsbetrachtung mit hoher Qualität eine geringere Fluktuation bewirken.

Lieferanten ist ein geringer bis mittlerer Einfluss gegeben. Die europaweite Ausbreitung des Gesundheitsunternehmens bringt den Sportartikelherstellern im Gegensatz zu anderen Fitnessstudios eine höhere Verhandlungsstärke, angesichts des Leasingvertrags. Gleichermaßen sind auch Lebensmittellieferanten für die Snackbar einzuschätzen. Als dritter Lieferant beanspruchen wir Hotelzimmer des Steigenberger Parkhotels.

3.2 SWOT- Analyse

Tabelle 1: Interne Unternehmensanalyse (Stärken und Schwächen)

Stärken	Schwächen
- Standort und Erreichbarkeit	- Mangelnde lokale Flexibilität
- Qualifiziertes Fachpersonal in allen Bereichen	- Hoher Preis
- Ganzheitliche Angebotsvielfalt	- Hoher Koordinationsaufwand durch viele Teilbereiche
- Hohe Produktqualität	- Keine Online Angebote
- Gutes Preis-Leistungs-Verhältnis	- Bekanntheitsgrad in Deutschland
- Unternehmenskultur (Vision, Mission, Werte sind klar definiert)	- Mangelnde Marketingstrategen
- Mitarbeiter Motivation	

Tabelle 2: Externe Unternehmensanalyse (Chancen und Risiken)

Chancen	Risiken
- Wandel der Gesellschaft zu höherem Gesundheitsbewusstsein (Gronau et al., 2010)	- Weiterentwicklung von Onlineangeboten
- Erhöhte Rate an Depressionen (Marshall et al., 2019)	- Wachsender Fitnessmarkt (Gronau et al., 2010)
- Demographischer Wandel	- Hohe Anzahl an Konkurrenten im Fitnessmarkt
- Lebensstil	- Schwere Marktdurchdringung
- Individuelle Beratung und Betreuung wird den Kunden wichtiger	- Kostendruck
- Digitalisierung	- Neue Trends am Fitnessmarkt
	- Hohe Fluktuationsrate der Fitnessbranche (Pelletier et al., 2013)

Tabelle 3: SWOT-Analyse

SWOT	Chancen	Risiken
Stärken	1. Mit qualifiziertem Fachpersonal im Bereich Psyche kann besser auf Menschen mit Depressionen eingegangen werden 2. Durch gutes Preis-Leistungsverhältnis investiert die Gesellschaft mehr in ihre Gesundheit	1. Die ganzheitliche Angebotsvielfalt verhilft dem Unternehmen in Deutschland zur Marktdurchdringung 2. Mit hoher Produktqualität überzeugt Mindset und hebt sich von den Konkurrenten ab 3. Eine Aufrechterhaltung der Mitarbeitermotivation minimiert die Fluktuationsrate
Schwächen	1. Mit Hilfe der Digitalisierung neue und bessere Marketingstrategien entwickeln (Verbesserung der Website, Werbung auf Instagram) 2. Der hohe koordinative Aufwand wird durch die Digitalisierung vereinfacht (Anschaffung und Fortbildungen für digitale Organisationstools)	1. Mit Erarbeitung von online Kursangeboten und Beratung kann einer mangelnden lokalen Flexibilität entgegengewirkt werden 2. Bekanntheitsgrad verbessern, um unter den Konkurrenten im Markt herauszustechen

3.3 Zielplanung

Auf Grundlage der durchgeführten Analysen lässt sich feststellen, dass die festgelegten Ziele von Mindset realistisch umzusetzen sind, jedoch als kritisch betrachtet werden müssen. Obwohl der schon große bestehende Fitnessmarkt wächst und einen anspruchsvolle Konkurrenz darstellt, bildet Mindset ein Nieschenmarkt. Die aufgeführten Dienstleistungen werden zwar in unterschiedlichen Unternehmen gleichzeitig angeboten, aber werden weder im Zusammenhang betrachtet werden, noch nachhaltig und qualitativ gefördert werden. Die angestrebte Marktposition und die Gewinnmaximierung sind im Hinblick auf die aufgeführten Stäken und Chancen in dem vorgegebenen Zeitraum umsetzbar. Gleichzeitig realisierbar ist das soziale Ziel mit Einhaltung von Vision, Mission und Grundwerten. Weil die dargestellten Ziele teilweise miteinander harmonieren (1, 2 und 3), wird als Primärziel eine Gewinnmaximierung im ersten Jahr unentbehrlich. Denn ohne die Stabilität im Markt durch Gewinnmaximierung sind hohe Marktstellung oder große

Kooperationen Partner schwer zu erreichen. Betrachtet man jedoch die Zielterminierungen, kann am aufgestellte Planung festgehalten werden.

4 Phase der Strategieformulierung

4.1 Strategieformulierung

Mit Hilfe der festgelegten Ziele und der Unternehmens- und Branchenanalyse folgen im nächsten Schritt die Formulierung der Unternehmens- und der Geschäftsbereichsstrategie. Auf Unternehmensebene verfolgt Mindset mit dem Standort in Düsseldorf die Wachstumsstrategie zur verbesserten Wettbewerbsposition angesichts der Neueröffnung (Bea & Haas, 2013). Diese erfolgt im ersten Zug durch die bestehende Struktur (Kapital, der Unternehmensgruppe Mindset und wird durch angestrebte vertikale Kooperationen mit lokalen Krankenkassen. Zur verbesserten Strukturierung der Wachstumsstrategie betrachtet man das Modell der „Produkt-Markt-Strategie" nach Ansoff auf vier Ebenen und bedient sich an unterschiedlichen Taktiken. Da der Gesundheits- und Fitnessmarkt und die Dienstleistungen in Mindset bereits gegeben sind, ist mit der Markdurchdringungsstrategie (Ausbau von Marketing, Kundenstammentwicklung, Steigerung der Einkaufsfrequenz) ein Wachstum möglich. Mit der Steigerung des Gesundheitsbewusstseins in der Gesellschaft ist der Markt in Bezug auf die psychische Gesundheit noch nicht ausgeschöpft beziehungsweise in stetiger Entwicklung, sodass Mindset als breit aufgestelltes Unternehmen auch nach der horizontalen Diversifikationsstrategie handelt. Ergänzend plant Mindset mittels Leistungs- und Produktentwicklungsstrategie regelmäßige Anpassungen der angebotenen Dienstleistungen.

Auf der Geschäftsbereichsebene kommt die Differenzierungsstrategie zum Einsatz. Dabei beinhaltet diese Strategie eine Abweichung von durchschnittlichen Produkt- und Serviceleistungen bereits bestehender Unternehmen und damit eine Schaffung von herausragender Qualität, um dem Kunden einen attraktiven Nutzen zu bieten. Betrachtet man Entspannungsanbieter und Fitnessanbieter getrennt, lässt sich eine kleine Nische im Markt erkennen, die Mindset durch die ganzheitliche Produktpalette füllt. Auf diese Weise hebt sich das Gesundheitszentrum massiver durch zum Beispiel Marketingkampagnen von der restlichen Konkurrenz ab.

4.2 Blue Ocean Strategie

Um neben der Differenzierungs- und Nischenstrategie ein Alleinstellungsmerkmal zu schaffen kann die Blue-Ocean-Strategie zur Verwendung kommen (Kim & Mouborgne, 2015). Eine Möglichkeit wäre, eine Kooperation mit Reisebüros einzugehen. Diese bieten von „Mindset" organisierte Entspannungswochen in Urlaubsgebieten an. Zusätzlich erhalten Mitglieder eine Ermäßigung von 5%, wenn sie im Reisebüro ihren Urlaub buchen. Nichtmitglieder werden mit Hilfe eines Gutscheins für einen kostenlosen Mitgliedsmonat beworben. Durch diese Strategie ist es möglich europaweit und weltweit einen hohen Bekanntheitsgrad zu erlangen, aber gleichzeitig auch den Gewinn zu maximieren inklusive neuer Kunden.

5 Personalmanagement

5.1 Führungsverhalten

Die Erwartungen und Qualitäten der zukünftigen Führungskraft lassen sich in zwei Bereiche aufteilen. Als Bereichsübergreifende Leitung sind drei unterschiedliche „Leadership Styles" nach Goleman (1998, 2000) im Einklang notwendig. Dadurch wird sowohl das Unternehmen fokussiert und wirtschaftlich zum Erfolg gebracht, als auch die Zufriedenheit und Motivation des Personals verbessert und damit einhergehend der Kundenstamm (Bartscher, Stöckl & Träger, 2012). An erster Stelle steht ein Visionärer Stil. Die Person muss die Unternehmensvision leben, selbstreflektiert und gelassen sein und alle Mitarbeiter weitergeben. Dies tut sie, um zielorientiert und überlegt führen zu können. Als weiteren Stil ist die Beteiligung der Mitarbeiter als partizipativer Ansatz wichtig. Durch die „Bottom up"- Methode werden Mitarbeiter dazu befähigt selbstständiger zu arbeiten und sich kreativ miteinzubringen. Damit wird die persönliche Entwicklung gefördert, wodurch gleichzeitig potenzielle Führungskräfte für weitere Expansionen entstehen. Als dritten Stil, affiliatives Verhalten, öffnet dieser den zweiten wichtigen Bereich zur qualitativen Führungskraft bei Mindset. Neben der Leistungsorientierung sollte die Menschlichkeit im Vordergrund stehen. Empathie und sozialen Kompetenzen spielen eine große Rolle, denn vor allem im Berufsfeld der psychischen und physischen Gesundheit ist das Arbeiten in der Dienstleistung mit Menschen und an Menschen. Weiterführend sollte die leitende Person, aufgrund der oben genannten Beispiele, Merkmale wie Bodenständigkeit, Selbstreflektion und konstruktive Kritikfähigkeit mit sich bringen.

5.2 Recruiting

Um den hohen Ansprüchen der Führungsposition gerecht zu werden, sind Aus- oder Einschlusskriterien durch die Stellenanzeige in Printmedien und im Internet gegeben. Führungsverhalten und Persönlichkeitsmerkmale wie in 5.1 beschrieben, werden in der Ausschreibung mit aufgeführt. Dabei bringen zum Beispiel Erfahrungen im Führungsbereich Vorteile anlässlich der Neueröffnung. Sowohl externe Personen, als auch interne Mitbewerber in mittleren Führungspositionen werden nach der ersten Selektion auf ein persönliches Gespräch vor Ort oder ein Onlinebewerbungsgespräch eingeladen, um mit einem Tiefeninterviews die unbewussten Werte und Einstellungen des Bewerbers festzustellen. Diese werden im Anschluss mit den Unternehmenswerten verglichen. Da eine große Verantwortung mit der Führungsebene einhergeht, werden die potenziellen Bewerber mit übereinstimmenden Wertekriterien auf ein zweites Gespräch als Stressinterview empfangen (Scholz, 2014). Um ein Probearbeiten gewährleisten zu können, wird die ausgewählte Person eine Woche in eines der bestehenden Mindset Studios eingeladen, um dort mit den Führungskräften in Meetings Strategien und Konfliktlösungen zu erarbeiten. Nach Rücksprache der Leader wird dann eine Entscheidung getroffen.

6 Literaturverzeichnis

Bea, F. X. & Haas, J. (2013). Strategisches Management (Grundwissen der Ökonomik : Betriebswirtschaftslehre, 6., vollständig überarbeitete Aufl.).
Stuttgart: Lucius & Lucius.
Bartscher, T., Stöckl, J. & Träger, T. (2012). Personalmanagement. Grundlagen, Handlungsfelder, Praxis (Always learning). München: Pearson Studium.
Broda, S. (2005). Marketing – Praxis. Ziele, Strategien, Instrumentarien (2.Auflage). Wiesbaden: Verlag Dr. Th. Gabler/GWV Fachverlage GmbH.
Clever fit GmbH. Zugriff am 21.10.21. Verfügbar unter https://www.clever-fit.com/de-de/ueber-uns

Fitness First Germany GmbH (2020). DNA von Fitness First. Zugriff am 21.10.21. Verfügbar unter https://www.fitnessfirst.de/wer-wir-sind

Goleman, D. (1998). What makes a leader. Harvard Business Review (Nov. - Dez.), 92-105

Goleman, D. (2000). Leadership that gets results. Harvard Business Review (März - April), 78-90.

Gronau, N., Schwarze, B., Kamberovic, R., Prof. Dr. Stemper, Th., Muench H. Barth M. (2010). Fitnessbranche wird Pfeiler im Gesundheitssystem. White Paper 2010, DIFG e.V. Deutscher Industrieverband für Fitness und Gesundheit.

Hinkes, K. (2020). Systematischer Review zum Thema „körperliche Aktivität und psychische Gesundheit".

Hollederer, A. & Wießner, F. (2015). Prevalence and development of workplace health promotion in Germany: results of the IAB Establishment Panel 2012. *International Archives of Occupational and Environmental Health*, *88*(7), 861–873. https://doi.org/10.1007/s00420-014-1012-z

Holmes Pace (2021). Unsere Werte und unsere Vision. Zugriff am 21.10.21. Verfügbar unter https://www.holmesplace.de/de/uber-uns

ICD-10: *Internationale statistische Klassifikation der Krankheiten und verwandter Gesundheitsprobleme*. 10. Revision. (1994). Berlin, Heidelberg: Springer Berlin Heidelberg.

INJOY Rating. Zugriff am 21.10.21. Verfügbar unter https://www.injoy-ratingen.de/warum-injoy

Jeanette König (2019). Entspannt-Düsseldorf.de. Zugriff am 21.10.21. Verfügbar unter https://www.entspannung-duesseldorf.de/persoenliches-jeanette-koenig/

Kieser Training AG. Zugriff am 21.10.21. Verfügbar unter https://www.kieser-training.de/ueber-kieser-training/

Kim, W.C. & Mauborgne; R. (2015). *Blue ocean strategy, How to create uncontested market space and amke the competition irrelevant* (Expanded edition). Boston, Massachusetts: Harvard business Review Press.

Marschall, J., Hildebrandt-Heene, S. & Nolting, H.-D. (2019). Alte und neue Süchte im Betrieb (Beiträge zur Gesundheitsökonomie und Versorgungsforschung, Band 28). Heidelberg: medhochzwei Verlag GmbH.

Natalia Schneiders. Gesundheitscoaching Düsseldorf. Zugriff am 21.10.21. Verfügbar unter: https://gesundheitscoaching-duesseldorf.de/profil/

Pelletier, L. G., Rocchi, M. A., Vallerand, R. J., Deci, E. L. & Ryan, R. M. (2013). Validation of the revised sport motivation scale (SMS-II). *Psychology of Sport and Exercise, 14*(3), 329–341. https://doi.org/10.1016/j.psychsport.2012.12.002

RSG Group. Zugriff am 21.10.21. Verfügbar unter https://rsggroup.com/rechte-haelfte/kreativ/#footer

Scholz, C. (2014). *Personalmanagement. Informationsorientierte und verhaltenstheoretische Grundlagen* (Vahlens Handbücher der Wirtschafts- und Sozialwissenschaften, 6., neubearbeitete und erweiterte Auflage). München: Verlag Franz Vahlen.

Techniker Krankenkasse (2016). TK- Stressstudie 2016. *Entspann dich Deutschland.* Techniker Krankenkasse.

Yogaloft Düsseldorf. Zugriff am: 23.10.21. Verfügbar unter https://yogaloft-dus.de/yoga-informationen/team/

7 Abbildungs- und Tabellenverzeichnis

7.1 Abbildungsverzeichnis

7.2 Tabellenverzeichnis

Anhang

Anhang 1: Bedürfnispyramide nach Maslow (Mitarbeiter –Engagement)

Maslows Bedürfnispyramide adaptiert auf Mitarbeiter-Engagement

HOCH-ENGAGIERT
Ich liebe es, hier zu arbeiten.
Ich hoffe, ich kann andere durch meine Arbeit inspirieren.
VERWIRKLICHUNG

ENGAGIERT
Ich leiste einen entscheidenden Teil zum Gesamtergebnis.
Meine Arbeit ist wichtig, und ich habe Erfolg dabei.
BEDEUTUNG

EINIGERMASSEN ENGAGIERT
Ich bin Teil von etwas Größerem.
Ich bin aber auch weg, wenn ich was Besseres finde.
ZUGEHÖRIGKEIT

NICHT ENGAGIERT
Die bezahlen mir eigentlich nicht genug.
Hauptsache, ich habe einen Job.
SICHERHEIT

DIENST NACH VORSCHRIFT
Ich arbeite hier, um Geld zu verdienen.
Es ist nur ein Job.
ÜBERLEBEN

Motivierend
Demotivierend